프란치스코 교황과 함께 준비하는

고해
성사

La festa del perdono con Papa Francesco - Sussidio per la Confessione e le Indulgenze
a cura della Penitenzieria Apostolica
© Dicastero per la Comunicazione - Libreria Editrice Vaticana

Korean translation © 2021 Catholic Publishing House

프란치스코 교황과 함께 준비하는
고해성사

2020년 11월 5일 교회 인가
2021년 2월 17일 초판 1쇄 펴냄
2025년 5월 30일 초판 5쇄 펴냄

지은이 · 교황청 내사원
옮긴이 · 고준석
펴낸이 · 정순택
펴낸곳 · 가톨릭출판사
편집 겸 인쇄인 · 김대영
편집 · 김지영, 강서윤, 김소정, 박다솜
디자인 · 강해인, 이경숙, 정호진
마케팅 · 임찬양, 안효진, 황희진, 노가영

본사 · 서울특별시 중구 중림로 27
등록 · 1958. 1. 16. 제2-314호
전자우편 · edit@catholicbook.kr
전화 · 1544-1886(대표 번호)
지로번호 · 3000997

ISBN 978-89-321-1762-1 02230

값 10,000원

성경 · 전례문 · 교회 문헌 © 한국천주교중앙협의회, 2020.

이 책의 한국어 출판권은 (재)천주교서울대교구 가톨릭출판사에 있습니다.
저작권법에 의해 보호를 받는 저작물이므로 무단 전재와 무단 복제를 금합니다.

가톨릭의 모든 도서와 성물, 디지털 콘텐츠를 '가톨릭북플러스'에서 만날 수 있습니다.
https://www.catholicbookplus.kr | (02)6365-1888(구입 문의)

프란치스코 교황과 함께 준비하는

고해 성사

교황청 내사원 지음
고준석 옮김

가톨릭출판사

서론

용서는 하느님 아버지의 전능함과 사랑을 가장 명확히 보여 주는 표징입니다. 예수님은 지상 생애 동안 이 용서를 직접 실천하셨습니다. 모든 복음서는 하느님 아버지의 사랑을 전합니다. 복음서에서 나타난 하느님 아버지의 사랑은 용서 그 자체입니다.

그 용서는 인간이 자신의 죄 안에 잠식되지 않고, 그분께서 열어 보이시는 구원의 사랑 앞에 문을 걸어 잠그지 않는다면 무한합니다. 구세주 예수님은 십자가에 못 박히는 순간까지 용서를 선포하셨습니다.

"아버지, 저들을 용서해 주십시오. 저들은 자기들이 무슨 일을 하는지 모릅니다."(루카 23,34)

프란치스코 교황의 문장 안에는 교황의 사목 표어가 들어 있습니다. 이 사목 표어는 베다 성인의 강론에서 뽑은 것입니다. 베다 성인은 마태오 복음서의 소명에 대한 이야기를 설명합니다. "예수님은 마태오라 불렸던 한 세리와 만나게 됩니다. 그래서 사랑의 마음을 지니고 그를 선택하셨고, 그러기에 '나를 따라라'(마태 9,9)라고 말씀하신 것입니다."

베다 성인의 이 강론은 하느님의 자비에 경의를 표하는 것으로, 마태오 사도 축일의 성무일도에 들어 있습니다. 이 강론은 프란치스코 교황의 삶과 영적 여정 안에서 특별하게 재조명 되었습니다.

1953년, 당시 17살의 호르헤 마리오 베르골료는 마태오 사도 축일에 놀라운 일을 겪었습니다. 예수님께 봉사하라고 자신을 부르시는 그분의 부드러운 시선을 느끼며, 하느님의 현존을 고백하게 된 것입니다.

그는 주교직에 뽑혔을 때 이 일을 기억하면서 베다 성인의 표현인 "자비로이 부르시니Miserando atque dligendo"를 자신의 주교 문장 안에 새기고, 앞으로 그렇게 살기로 다짐했습니다.

성사들 중에, 특히 화해의 성사인 고해성사는 하느님의 자비로운 시선을 잘 드러냅니다. 그리고 죄를 뉘우치는 이들의 삶 안에서 하느님의 그 따스한 시선을 보여 줍니다. 이러한 까닭에 교황청 내사원(교황청에는 내사원, 대심원, 공소원 세 법원이 있다. 내사원은 주로 사면 조치를 다루는 법원으로서, 가톨릭 교회에서 죄의 사면과 관련된 문제들을 담당하고 있다. — 역주)은 교황의 감성과 행동에 특별히 주목합니다.

내사원은 교회 법원 가운데서 최고 법원으로 '독자적이고 고유한 권한'을 지녔습니다. 그래서 프란치스코 교황은 교황청 내사원을 "내가 정말 좋아하는 법원 형태"라고 말하기도 했습니다.

내사원의 판결은 궁극적으로 자비에 관한 것입니다. 따라서 잘잘못의 중대함을 따지기보다 선한 양심과 용서의 은총을 베풀어 주시는 하느님의 자비를 더욱 중요하게 생각합니다. "그 한 방울만으로도 온 세상을 모든 죄악에서 구해 내시리이다."라는 성체 찬미 가처럼 그리스도가 흘리신 피의 고귀함을 날마다 깨닫도록 합니다. 또한 십자가 아래 서 계신 성모님의 모성애의 부드럽고 강력한 힘을 이해합니다.

이렇듯 내사원의 권한은 매우 중요한 것이지만 세속적인 권한을 행사하는 것은 아닙니다. 오히려 가장 높고, 가장 매력적인 권한인 '용서'를 행사합니다. "나도 너를 단죄하지 않는다. 가거라. 그리고 이제부터 다시는 죄짓지 마라."(요한 8,11)라고 말씀하신 그리스도의 왕권을 들어 높이는 데 이바지하는 것입니다.

더 나아가 내사원은 하느님의 사랑과 용서가 땅 끝까지 이르기 위해서 성인의 통공이라는 소중한 보화로부터 대사의 선물을 얻고, 그리스도께서 베푸시는 구원의 모든 유익을 신자들에게 전합니다(칙서 〈자비의 얼굴〉, 4, 11, 22항 참조).

이러한 모든 이유로써 "고해성사는 그리스도인 삶

의 중심이 되는 자리를 되찾아야 합니다."(교서 〈자비와 비참〉, 11항)라는 것을 마음에 새겨야 하겠습니다. 이를 위해 교황청 내사원에서는 프란치스코 교황이 한 말을 중심으로 《프란치스코 교황과 함께 준비하는 고해성사》를 기획하였습니다.

　이는 진심으로 뉘우치는 이들 모두가 자녀들이 돌아오길 기다리시는 아버지의 사랑에 이르는 것을 막지 않으려는 것입니다. 또한 용서에 당신 구원의 힘을 체험하는 기회를 모두에게 제공합니다(교서 〈자비와 비참〉 참조).

2017년 11월 1일 로마에서
모든 성인 대축일에

마우로 피우첸차 추기경 내사원장
크시슈토프 니키엘 몬시뇰 관리자

차례

서론 5

1장 우리는 그분께 용서받을 수 있습니다

죄의 고백이란 무엇인가

자비와 기쁨의 성사 17 · 하느님의 선물 19 · 하느님의 자비에 자신을 맡기는 것 20 · 다시 시작할 수 있는 힘을 선사합니다 22 · 진정한 평화를 찾는 것 · 25

어떻게 죄를 고백할까

솔직함 27 · 겸손 28 · 어린아이처럼 30 · 내 죄를 인식하는 것 31 · 죄는 단순한 실수가 아닙니다 32 · 용서받기 위해서는 용서할 줄 알아야 합니다 33 · 기쁨의 원천이신 성모님의 전구를 청합시다 36 · 하느님께 직접 죄를 고백할 수는 없나요? 37

몇 가지 질문과 대답

하느님께서는 항상 용서하시나요? 43 · 너무도 큰 죄를 저질렀다면 44 · 무한한 용서를 베푸시는 하느님 45 · 자비롭고 정의로운 하느님 53 · 언제 고해성사를 봐야 할까요? 54 · 교황님도 고해성사를 보나요? 56

우리 마음속 보물을 지키십시오

항상 깨어 있어야 합니다 57

2장 다가올 은총의 시간을 준비하십시오

통회의 기도 67 · 양심 성찰 70

부록

고해 사제들에게 건네는 프란치스코 교황의 말씀

자비로우신 아버지처럼 83 · 착한 사마리아인처럼 87 · 착한 목자인 예수님처럼 92 · 야전 병원의 의사처럼 담대하게 95 · 고해성사는 자유롭고 풍요로운 인간적인 만남입니다 97 · 모든 고해자는 "거룩한 땅"입니다 99 · 식별하고 양성하도록 부름받은 이들 101 · 죄를 사해 줄 수 없는 고해자도 축복해 주길 102 · 고해자들의 부끄러움을 이해하세요

103 · 여러분은 "성령의 사람들"입니다 104 · 늘 고해성사를 줄 준비가 되어 있어야 합니다 105 · 여러분은 자비로우신 하느님과의 만남의 표징이자 도구입니다 106 · 여러분이 첫 번째 고해자입니다 108 · 고해성사의 가르침에 맡기세요 110 · 성모님의 도우심에 맡기세요 112

1장

우리는 그분께
용서받을 수 있습니다

죄의 고백이란 무엇인가

자비와 기쁨의 성사

자비의 거행은 고해성사에서 매우 특별한 방식으로 이루어집니다. 고해성사에서 우리는 하느님 아버지께서 우리를 껴안아 주신다는 것을 느낄 수 있습니다.

하느님 아버지께서는 우리를 만나러 오시어 우리가 다시 당신의 자녀가 되는 은총을 주십니다. 우리는 죄인이기에 우리가 바라는 것과 실제로 우리가 하는 것 사이에 나타나는 모순의 무게에 짓눌려 있습니다(로마 7,14-21 참조).

그러나 은총은 언제나 우리보다 앞서며 우리의 화해와 용서를 가져오는 자비의 얼굴을 하고 있습니다. 우리 스스로 죄인이라는 것을 깨달을 때에 하느님께서는 우리에 대한 당신의 사랑을 우리가 더욱 잘 이해하도록 해 주십니다. 은총은 죄보다 더 강합니다. 은총은 어떠한 난관도 극복합니다. 사랑은 모든 것을 이기기 때문입니다(1코린 13,7 참조). (교서 〈자비와 비참〉, 8항)

하느님의 선물

바오로 사도의 말처럼 하느님께서는 수 세기 동안 끊임없이 당신 자비의 풍요로움을 드러내셨습니다. 우리가 죄를 고백하도록 하는 마음의 변화는 "하느님의 선물입니다."(에페 2,8) 이는 우리 자신의 힘만으로는 할 수 없습니다. 그래서 죄를 고백할 수 있는 것은 하느님의 은총이자 선물인 것입니다. 또한 "그분께서 하신 일"이지요(에페 2,8-10 참조).

하느님께서는 우리를 당신 손으로 어루만져 주시고, 은총으로 생명을 얻게 해 주셨습니다. 따라서 우리는 아무런 두려움 없이 사제에게 죄를 고백할 수 있습니다. 하지만 여기에는 사제가 하느님의 이름으로 나를 맞이하고, 그 어떤 비참함에도 불구하고 나를 이해해 주리라는 확신이 필요합니다. 또한 나를 변호해 줄 어떤 변론자도 없지만 오직 한 분, 우리의 죄 때문에 당신의 목숨을 내놓으신 그리스도가 내 곁에 있음을 믿어야 합니다. (참회 예식에서 행한 연설, 2015. 3. 13.)

나 스스로 "나의 죄를 용서합니다."라고 말할 수는 없습니다. 용서는 다른 이에게 '청하는 것'입니다. 그래서 우리는 죄를 고백함으로써 예수님께 용서를 청해야 합니다. 용서는 노력의 결과가 아닌 성령의 선물이자 은총입니다. 성령께서는 부활한 그리스도의 활짝 열린 마음에서 끊임없이 솟아오르는 자비와 은총으로 우리를 가득 채워 주십니다. (일반 알현, 2014. 2. 19.)

하느님의 자비에 자신을 맡기는 것

사랑하는 형제자매 여러분. 나 자신을 하느님 자비에 맡기십시오. 또한 언제나 나를 기다려 주시는 그분의 인내를 믿으십시오. 그분 집으로 돌아가고, 그분 사랑의 상처에 머물러야 합니다. 그리고 성사 안에서 하느님의 자비를 마주할 용기를 가지십시오. 그러면 하느님의 아름다운 애정을 느끼고, 그분께서 우리를 감싸 주시는 것을 느낄 것입니다. 그래서 우리 역시 더욱더 자비와 인내, 용서, 그리고 사랑의 능력을 지니게 될 것입니다. (하느님 자비의 주일에 행한 강론, 2013. 4. 7.)

고해성사는 우리를 뜨거운 포옹으로 감싸 안아 줍니다. 마치 아버지가 자식을 무한한 애정으로 끌어안아 주듯 말이지요.

이러한 의미에서 '되찾은 아들의 비유'를 다시 살펴봅시다. 이 비유는 참으로 아름답습니다. 작은아들은 아버지의 재산 가운데 자신에게 돌아올 몫을 챙기고 돈을 물 쓰듯 썼습니다. 그러다 아무 것도 남지 않자 집으로 돌아가고자 합니다. 하지만 아들이 아니라 종이 되길 원했습니다.

마음속으로 자신의 행동을 뉘우친 그는 몹시 부끄러웠고, 아버지에게 용서를 청했습니다. 그런데 아버지는 도리어 아들의 목을 껴안으며 입을 맞추어 주고, 잔치를 벌였지요. 이처럼 죄를 고백할 때 하느님께서는 우리를 감싸 주시고 잔치를 벌이십니다. 우리는 이러한 길을 계속 걸어가야 합니다. (일반 알현, 2014. 2. 19.)

하느님께서는 당신이 베푸시는 용서와 은총이 우리 안에 머무를 수 있도록, 그 한 가닥 희망을 자신에게 맡겨 주길 기다리고 계십니다. 그분의 따스한 자비를 느끼고 체험한 사람만이 참으로 주님을 알게 됩니다. (《하느님의 이름은 자비입니다 Il nome di Dio è Misericordia》, 50쪽)

다시 시작할 수 있는 힘을 선사합니다

고해소를 나서면서 생명을 다시 주시고 신앙의 열

정을 다시금 불러일으키시는 그분의 힘을 느끼게 됩니다. 우리는 죄를 고백한 후에 다시 태어납니다. (참회 예절에서 행한 강론, 2015. 3. 13.)

용서는 우리를 새로운 삶으로 다시 일으켜 세우고 희망을 갖고 미래를 바라보게 해 줍니다. (칙서 〈자비의 얼굴〉, 10항)

늘 똑같은 죄를 저지르는 것을 고백하는 겸손한 이들이 많습니다. 중요한 것은 삶의 여정이 오랫동안 나락으로 떨어지지 않는 것입니다. 상처가 났다고 마냥 주저앉아 있어서는 안 됩니다. 중요한 것은 그럼에도 불구하고 다시 일어서는 것입니다. 자비의 주님께서는 우리를 용서하시고, 다시 일어나 시작할 수 있는 기회를 주십니다. (《하느님의 이름은 자비입니다 *Il nome di Dio è Misericordia*》, 73쪽)

사랑하는 형제 여러분, 여러분은 용서의 선물이 주는 아름다움을 알고 있습니까? 이 선물은 하느님께서 주시는 것입니다. 용서로 얻는 치유의 기쁨, 그리고 교회가 지닌 모성애를 느끼고 있습니까? 우리는 단순하고 열심한 마음으로 그 기쁨을 느껴야 합니다. 하느님께서는 지치지 않고 용서해 주십니다. 그리하여 사제를 통하여 우리를 살리시고, 다시 일으켜 세우시며, 새로운 길을 걸어 나갈 수 있도록 안아 주십니다. 계속해서 길을 찾아 떠나는 것이 인간의 삶이기 때문입니다. (일반 알현, 2013. 11. 20.)

고해성사는 우리가 처음부터 다시 시작할 수 있도록 해 줍니다. 어떤 사람은 이것이 불가능하다고 생각할지도 모릅니다. 아닙니다. 우리는 다시 시작할 수 있습니다! 하느님께서는 바로 당신을 기다리고 계십니다. 그리고 자비로우신 그분은 기꺼이 당신을 용서해 주시고, 처음부터 다시 시작할 수 있는 힘을 주십니다. 그때 다시 눈을 떠 슬픔과 눈물을 이겨 내고 새로운 노래를 부를 수 있게 됩니다. 참된 기쁨은 시련과 고통 속에도 존재합니다. 이 기쁨은 외적으로 드러나지 않아도 하느님을 믿고 그분께 자신을 내어 맡기는 사람의 내면에 남아 있습니다. (삼종기도에서 행한 연설, 2013. 12. 16.)

진정한 평화를 찾는 것

우리는 주 예수님 안에서 하느님과 다른 형제들과 화해를 이룰 때 진정 평화로워집니다. 누구나 고해성사를 할 때 양심의 가책과 슬픔을 느끼곤 합니다. 하지만 진정으로 용서를 받게 되면 비로소 평화로워지지요. 너무나도 아름다운 이 영혼의 평화는 오직 예수님만이 주실 수 있습니다. (일반 알현, 2014. 2. 19.)

우리는 다시 확고하게 고해성사를 중시해야 합니다. 그리하면 우리는 하느님의 위대한 자비를 직접 깨닫게 될 것입니다. 고해성사는 고해자 한 사람 한 사람에게 참된 내적 평화의 원천이 될 것입니다. (칙서 〈자비의 얼굴〉, 17항)

어떻게 죄를 고백할까

솔직함

한 기자가 프란치스코 교황에게 물었습니다. "고해자에게 어떻게 죄를 고백하는 것이 좋은지 말씀해 주시겠어요?" 그러자 교황은 이렇게 답했습니다. "하느님 앞에서 자신의 삶의 진실을 생각하는 것, 곧 무엇을 느끼고, 무엇을 생각하는지, 솔직하게 자기 자신을 바라보고 자신의 죄를 솔직하게 바라볼 줄 아는 것입니다. 또 자신이 죄인이라고 생각하는 것, 그래서 하느님을 두려워하고 경외하는 것입니다." (《하느님의 이름은 자비입니다 Il nome di Dio è Misericordia》, 58~59쪽)

고해 사제에게 항상 솔직하십시오. 두려워하지 말

고 모든 것을 다 고백하십시오. 그리고 진실을 말하십시오. 이런 솔직함은 우리를 겸손하게 합니다. "신부님, 저는 이러한 상황에 있습니다. 이러한 일들을 저질렀으며, 누군가를 미워하기도 했습니다." 어떠한 것이든지 좋습니다. 빈 말이 아닌 진실을 숨김없이 말씀하십시오. 왜냐하면 여러분은 고해 사제의 인격 안에 계신 예수님께 말하는 것이기 때문입니다. (신학생들과 남녀 수도회 수련자들과의 만남, 2013. 7. 6.)

겸손

죄를 고백하는 사람이 죄를 부끄러워하는 것은 당연합니다. 그래서 부끄러움은 우리가 청해야 할 은총입니다. 이는 긍정적이고 좋은 요소입니다. 왜냐하면 우리를 겸손하게 만들기 때문입니다. 《하느님의 이름은 자비입니다 Il nome di Dio è Misericordia》, 42쪽)

하느님께서 내 앞에 계신 것처럼 죄를 고백하면 항상 부끄러움의 은총을 느낄 것입니다. 그분 앞에서 부끄러워하는 것도 하나의 은총입니다. 겐네사렛 호숫가의 기적을 체험한 후, "주님, 저에게서 떠나 주십시오. 저는 죄 많은 사람입니다."(루카 5,8) 라고 말한 베드로 사도를 떠올려 보십시오. 베드로 사도는 예수 그리스도의 거룩함 앞에 자신의 죄를 부끄러워합니다. (강론, 2013. 10. 25.)

많은 이들이 고해소에 들어가기를 두려워합니다. 아마도 고해소 안에서 엄격한 재판관을 마주하는 것이 아니라, 자비로우신 하느님을 만난다는 것을 잊기 때문일 것입니다. 물론 고해소에 들어갈 때 부끄러울 수도 있지요. 하지만 누구나 다 그렇습니다.

기억하십시오. 부끄러움이 항상 모든 것을 용서해 주시는 하느님 아버지의 품으로 돌아갈 수 있도록 준비시키는 것임을 말입니다. (삼종기도 후 행한 연설, 2015. 8. 2.)

어린아이처럼

어린이들은 어른보다 더 지혜롭습니다. 예를 들어 고해성사를 볼 때 일반적인 것을 말하지 않고, 이런 식으로 말하곤 하지요. "신부님. 저는요, 이런 일을 저질렀어요. 또 숙모에게는 이렇게 했고요. 그리고 제 친구에게는 이런 나쁜 말을 했어요."

참 솔직하지요? 어린이들은 이처럼 진실 앞에 단순하고도 구체적으로 죄를 고백합니다. 하지만 어른인 우리는 때때로 비참한 현실을 숨기고자 합니다. (강론, 2013. 10. 25.)

내 죄를 인식하는 것

프란치스코 교황은 3월 10일 화요일, 산타 마르타에서 미사를 집전했습니다. 교황은 제1독서인 다니엘서의 구문(3,25.34-35)을 바탕으로 강론을 시작했습니다. 그 구문은 "시련을 겪고 있고 종살이하던 이스라엘 백성의 시련을 상기했던" 아자르야 예언자의 노래를 다룹니다. 교황은 "이스라엘 백성은 우연히 종살이를 한 것이 아니었습니다. 그들이 주님의 법을 저버렸고 죄를 지었기 때문입니다."라고 정확히 지적하였습니다.

그래서 아자르야는 이렇게 기도합니다. "당신의 이름인 사랑을 통하여 저희를 끝까지 저버리지 마소서! 저희에게서 당신 자비를 거두지 마소서! 우리는 가장 작은 민족이 되었습니다. 우리는 죄를 지었습니다. 오늘 우리는 보잘것없는 백성이 되었습니다. 오늘 우리는 당신의 자비를 청합니다."

다시 말하면 아자르야는 "죄를 뉘우치고 이스라엘 백성이 지은 죄에 대한 용서를 청합니다." 따라서 시련을 겪고도 하느님 앞에서 불평하지 않는 예언자는 "주님께서는 불공평한 분이십니다. 지금 우리에게 일어난 일을 보십시오."라고 말하지 않습니다. 오히려 "저희는 죄를 지었고 그 대가를 치루고 있습니다."라고 말합니다. 바로 여기에 근본적인 설명이 있습니다. 즉 아자르야는 "죄의 감각을 지니고 있었다."는 점입니다. (《로세르바토레 로마노》, 2015. 3. 11.)

죄는 단순한 실수가 아닙니다

이어서 교황은 아자르야가 "죄송합니다. 저희가 잘못했습니다."라고 주님께 말하지 않는다는 것을 주지시킵니다. 사실 용서를 청하는 것은 사과하는 것과는 또 다릅니다. 여기서는 서로 다른 두 가지 모습이 있습니다. 첫 번째는 사과에서 그치는 것, 두 번째는 죄를 인정하는 모습입니다. 사실 "죄는 단순한 실수가 아니며, 우리가 지닌 많은 우상들을 숭배하는 것입니다." 즉 교만과 허영, 돈, 나 자신, 잘 살고자 하는 욕망 등을 숭배하는 것입니다. 아자르야가 단순히 사과하지 않고, "용서를 청하는" 이유가 여기에 있습니다. (《로세르바토레 로마노》, 2015. 3. 11.)

용서받기 위해서는 용서할 줄 알아야 합니다

프란치스코 교황은 하느님께 청하는 용서와 형제들에게 베푸는 용서에 대해 말했습니다. 그러면서 용서에 대한 관점을 설명합니다. 이를 위해 교황은 마태오 복음서를(18,21-35) 인용하였습니다. 베드로 사도가 예수님에게 물었습니다. "주님, 제 형제가 저에게 죄를 지으면 몇 번이나 용서해 주어야 합니까?"

그러자 예수님은 '항상'을 의미하는 "일흔일곱 번까지"라고 답하십니다. 즉 항상 용서해야 한다는 것입니다. 나의 용서의 기준은 무엇인지 생각해 봅시다.

예수님이 들려 주신 '매정한 종의 비유'에서 그 답을 찾을 수 있습니다. 비유 속의 종은 만 탈렌트의 빚을 탕감받고 매우 기뻐합니다. 그런데 자신에게 겨우 백 데나리온을 빚진 동료를 만나자 그를 감옥에 가두어 버립니다. 이 비유의 내용은 명확합니다. 즉 "용서할 자격이 없다면 용서를 청할 자격도 없다."라는 것입니다.

그래서 예수님은 하느님 아버지께 기도하는 법을 우리에게 가르쳐 주십니다. "우리에게 잘못한 이를 우리가 용서하듯이 우리의 죄를 용서하시고……." 이는 구체적으로 무엇을 의미할까요? 프란치스코 교황은 한 참회자와 나눈 대화를 생각하면서 이렇게 말하였습니다.

참회자 신부님, 제가 저지른 죄를 고백하려고 합니다.

사 제 당신은 죄를 고백하기 전에 무엇을 합니까?

참회자 먼저 제가 잘못한 일들을 생각합니다.

사 제 좋아요.

참회자 이어서 저는 주님께 용서를 청하고, 더 이상 죄를 짓지 않겠다고 약속합니다.

사 제 예, 좋습니다. 그러고 나서 사제에게 가지요? 그런데 한 가지 빠진 것이 있습니다. 당신에게 잘못한 이들을 먼저 용서했나요?

주님께서 우리에게 가르쳐 준 기도는 "우리에게 잘못한 이를 우리가 용서하오니 우리 죄를 용서하시고"입니다. 그리고 "하느님께서 당신에게 베풀어 주시는 용서"가 "당신이 다른 이들에게 베풀어 줄 용서"를 요구한다는 것을 잘 알고 있습니다. "내가 용서하지 못한다면" 분명히 "하느님께서 열어 주신 용서의 문을

닫는 것"과 같습니다. 《로세르바토레 로마노》, 2015. 3. 11.)

기쁨의 원천이신 성모님의 전구를 청합시다

성모님은 사람이 되신 자비로운 하느님을 당신의 두 팔로 안으십니다. 자비의 어머니께 전구를 청하도록 합시다. (강론, 2013. 3. 17.)

동정 마리아에게 사제들의 직무와 그리스도교 공동체를 맡겨 드립시다. 그리하여 그들이 고해성사의 가치를 더욱더 잘 깨달을 수 있도록 이끌어 주시길 간구합시다. (내사원 내부 포럼 과정 참석자들에게 행한 연설, 2014. 3. 28.)

우리 자신을 자비의 어머니이며 죄인들의 피난처이신 성모 마리아의 전구에 맡깁시다. 그분은 죄인인 우리를 어떻게 도와주실지 알고 계십니다. (내사원 내부 포럼 과정 참석자들에게 행한 연설, 2015. 3. 12.)

하느님의 거룩하신 어머니는 언제나 자비로운 눈길로 우리를 바라보십니다. 성모님은 사랑의 증인의 길을 가장 먼저 열어 주신 분으로 그 길에서 우리와 함께하여 주십니다. 자비의 어머니는 예술 작품에서 흔히 표현되듯이 우리 모두를 당신 망토의 보호 아래로 모으십니다. 자애로우신 성모님의 도움을 믿으며 성모님의 지속적인 가르침을 따라 하느님 자비의 빛나는 얼굴이신 예수님을 바라봅시다. (교서 〈자비와 비참〉, 22항)

하느님께 직접 죄를 고백할 수는 없나요?

예수님은 사도들에게 죄를 용서할 수 있는 권한을 주셨습니다. 인간이 어떻게 죄를 용서할 수 있는지 이해하기 어려울 수도 있지만, 교회는 용서를 매고 푸는 열쇠를 받았습니다. 하느님께서는 당신의 신적 자비로 모든 인간을 용서하십니다. 하지만 그리스도와 교회에 속하는 많은 이들이 공동체의 직무를 통하여 용서받기를 원하셨습니다. 그러므로 하느님의 자비는 고해성사로 우리에게 내려옵니다. 이로 인해 잘못을 용서받고 기쁨을 얻게 되지요.

이렇게 예수님은 우리가 교회적, 공동체적 차원의 화해를 경험하며 살아갈 수 있도록 부르십니다. 이것은 너무도 아름다운 일입니다. 거룩한 교회는 참회도 필요합니다. 교회는 그리스도인들의 회개의 여정과 함께하므로 용서하는 권한을 가진 주인이 아니라, 자비의 직무에 봉사하는 종입니다. 그래서 교회는 이러한 하느님의 선물을 줄 수 있을 때마다 기뻐합니다. (일반 알현, 2013. 11. 20.)

하느님께 죄를 직접 고백해야 한다고 말하는 이들이 있습니다. 물론 하느님께서는 우리 목소리를 항상 듣고 계십니다. 그리고 고해성사 안에서 사제를 통하여 교회의 이름으로 용서를 베푸시고, 용서받았다는 확신 또한 전해 주십니다. (일반 알현, 2013. 11. 10.)

사제는 예수님의 대리자입니다. 그래서 사제 앞에서 죄를 고백하는 것은 예수님을 대신하여 이 대리자의 손과 마음에 내 삶을 맡기는 것입니다. 이것은 우리를 구체적이고 진실하게 만들어 줍니다. 또한 거울에 비친 자기 자신이 아닌, 다른 사람을 통해 현실을 직시하도록 합니다. (《하느님의 이름은 자비입니다 Il nome di Dio è Misericordia》, 38쪽)

우리는 주님과 대화하며, 그분께 직접 용서를 간절히 청할 수 있습니다. 주님께서는 바로 용서를 베푸십니다. 하지만 중요한 것은 고해소에서 예수님의 대리자인 사제 앞에 내 자신을 맡기고, 하느님의 자비를 나누도록 부름받은 어머니 교회 앞에 겸손하게 무릎을 꿇는 것입니다. 사제 앞에 무릎을 꿇는 행위에는 목적이 있습니다. 그것은 무릎을 꿇는 그 순간, 사제가 나를 치유하는 은총의 도구가 된다는 것입니다. 《하느님의 이름은 자비입니다*Il nome di Dio è Misericordia*》, 38~39쪽)

고해소에 들어선 우리를 맞이해 주시는 분은 그리스도입니다. 또한 우리의 이야기를 듣고 용서해 주시는 분도 그리스도요, 평화를 주시는 분 역시 그리스도입니다. 이 사실을 항상 잊지 마십시오. (자비의 선교사들에게, 2016. 2. 9.)

많은 이들이 교회적 차원의 용서를 이해하지 못합니다. 아마도 보통 사람들은 물론, 그리스도인들도 개인주의와 주관주의가 지배하는 사회의 영향 아래 있기 때문일 것입니다. 분명 하느님께서는 뉘우치는 모든 죄인을 용서하십니다. 그리스도인은 그리스도와 연결되어 있고, 그리스도는 교회와 결합되어 있습니다. 그러기에 더 많은 책임이 주어집니다.

그리스도인들에게는 매우 귀중한 선물이 있습니다. 바로 겸손하게 교회의 직무를 행하는 것입니다. 우리는 이것을 강조해야 합니다. 이것은 선물이자, 돌봄이며 보호입니다. 또한 하느님께서 나를 용서해 주셨다는 확신이기도 합니다.

제가 동료 사제에게 가서 "신부님, 저는 이런 잘못을 저질렀습니다."라고 말한다고 합시다. 그러면 그 사제는 이렇게 대답할 것입니다. "저는 당신을 용서합니다. 그리고 하느님께서는 당신을 용서하십니다."

그 순간, 저는 하느님께 용서받았음을 확신합니다! 참으로 아름다운 일입니다. 하느님께서는 언제나 우리를 용서해 주십니다. 그러므로 지치지 말고 끊임없이 용서를 청하십시오.

물론 죄를 고백하는 것이 부끄러울 수 있습니다. 옛날 어르신들은 천 번 얼굴이 창백해지는 것보다, 한 번 얼굴을 붉히는 것이 훨씬 낫다고 이야기 하셨습니다. 이 말처럼 한 번 얼굴을 붉히고 죄를 용서받는 것이 더 낫습니다. 그러면 주님께 용서받고 앞으로 나아갈 수 있게 됩니다. (일반 알현, 2013. 11. 20.)

몇 가지 질문과 대답

하느님께서는 항상 용서하시나요?

하느님께서는 항상 용서하십니다! 용서하시는 데 피곤해 하지 않으십니다. 오히려 우리가 용서를 청하는 데 피곤해 하고 있지요. 베드로 사도가 예수님께 "주님, 제 형제가 저에게 죄를 지으면 몇 번이나 용서해 주어야 합니까? 일곱 번까지 해야 합니까?"라고 묻습니다. 그러자 그분은 "일곱 번이 아니라 일흔일곱 번까지라도 용서해야 한다."라고 대답하십니다. 항상 하라는 말씀이지요.

그렇습니다. 하느님께서는 항상 용서해 주십니다. 그러니 수많은 악한 일을 저질렀더라도 뉘우치고 용서를 청하십시오. 하느님께서는 당신을 바로 용서해 주실 것이며, 언제나 용서해 주십니다. (강론, 2015. 1. 23.)

하느님께서 용서해 주시지 않는 죄는 없습니다. 그분은 모든 죄를 용서해 주십니다. "저, 신부님. 저는 나쁜 일들을 많이 했습니다. 결코 용서받지 못할 악한 일들을 저질렀지요. 그래서 죄를 고백하러 가지 않았습니다……." 안 됩니다. 그것은 옳지 않습니다. 하느님께서는 모든 죄를 용서해 주십니다. 당신이 뉘우쳤다면 하느님께서는 모든 죄를 용서해 주십니다. (강론, 2015. 1. 23.)

너무도 큰 죄를 저질렀다면

"신부님, 제 삶을 안다면 그렇게 말씀하지 않으실텐데요……."

"왜 그렇지요? 어떤 잘못을 저질렀습니까?"

"저는 너무도 큰 죄를 지었습니다……."

"괜찮습니다. 예수님께 이야기하세요. 그러면 그분은 기뻐하실 것입니다!"

그분은 우리 죄가 무엇인지 기억하지 않으십니다. 죄를 듣고 잊어버리는 특별한 능력을 지니셨기 때문입니다. 그러기에 당신의 죄를 잊고 껴안아 주십니다. 또한 입을 맞추어 주고 이렇게 말씀하십니다. "나도 너를 단죄하지 않는다. 가거라. 그리고 이제부터 다시는 죄짓지 마라."(요한 8,11) (강론, 2013. 3. 17.)

무한한 용서를 베푸시는 하느님

주님께서는 결코 지치지 않고 용서를 베푸십니다. 오히려 우리가 그분께 용서를 청하는 것을 피곤해 하고 있습니다. 따라서 지치지 않고 용서를 청할 수 있는 은총을 청해야 합니다. (강론, 2013. 3. 17.)

형제자매 여러분, 하느님께서는 항상 인내하시는 자비로운 아버지의 모습을 지니셨습니다. 하느님께서 우리 모두에게 갖고 계시는 인내를 생각해 보셨나요? 그 인내는 바로 그분의 자비입니다. 하느님께서는 항상 인내하시며, 우리를 이해하고 기다리고 계십니다. 진정 회개하는 마음으로 하느님께 돌아가십시오. 그분은 우리를 끊임없이 용서하십니다. (삼종기도에서 행한 연설, 2013. 3. 17.)

예수님과 한 여자가 서로 만납니다. 그 여자는 간음을 하였고, 율법에 따라 돌에 맞아 죽게 되었습니다. 예수님은 당신의 말씀과 십자가까지 이르는 완전한 희생으로 모세의 율법의 참된 본뜻을 되찾아 주셨습니다.

여기에서는 율법이나 법적 정의가 아니라 하느님 사랑이 중심이 됩니다. 그 사랑은 우리 한 사람 한 사람의 마음을 읽어 그 안에 가장 깊이 숨겨진 갈망을 이해할 수 있습니다. 하느님 사랑은 그 무엇보다도 가장 으뜸이 되는 것이 되어야 합니다. 그런데 복음의 이 이야기에서는 추상적인 죄와 판결이 만나는 것이 아니라 [구체적인] 죄인과 구원자가 만납니다.

예수님은 그 간음한 여자의 눈을 들여다보시고 그 마음을 읽으셨습니다. 곧, 예수님은 그 마음에서 이해와 용서와 자유를 얻고자 하는 갈망을 발견하신 것입니다. 죄의 비참이 사랑의 자비를 입게 되었습니다.

예수님은 오로지 그 죄인의 처지에 대한 자비와 연민으로 넘치는 판결만을 내리실 뿐입니다. 예수님은 그 여자를 죽이고자 하는 이들에게 긴 침묵으로 응답하십니다. 예수님은 하느님의 목소리가 그 여자뿐만 아니라 그 여자를 비난하는 이들의 양심에 울려 퍼지기를 바라십니다. 그 여자를 비난하는 이들은 들고 있던 돌을 내려놓고 한 사람씩 그 자리를 떠납니다(요한

8,9 참조). 예수님은 침묵을 깨시며 이렇게 말씀하십니다. "여인아, 그자들이 어디 있느냐? 너를 단죄한 자가 아무도 없느냐? …… 나도 너를 단죄하지 않는다. 가거라. 그리고 이제부터 다시는 죄짓지 마라."(요한 8,10-11)

이렇게 하여 예수님은 그 여자가 희망으로 미래를 바라보고 새로운 삶을 시작할 준비를 하도록 도와주십니다. 이제부터 그 여자는 원한다면 "사랑 안에서 살아갈" 수 있습니다(에페 5,2 참조). 일단 자비를 입고 나면, 비록 죄로 기우는 경향이 남아 있어도, 그러한 경향은 앞을 바라보며 다른 삶을 살 수 있도록 해 주는 사랑으로 극복됩니다. (교서, 〈자비와 비참〉, 1항)

간음한 여인과 주님의 이야기는 언제나 저를 감동시킵니다. 주님께서는 율법을 따르지 않고 간음한 여인을 단죄하지 않으셨습니다. 사람들은 그 여인을 율법대로 돌을 던져 죽여야 할지 묻습니다. 하지만 주님께서는 판단을 내리지도, 율법을 따르라고 말하지도 않으십니다. 사람들의 말을 알아듣지 못한 척하며, 오히려 다른 것을 밖으로 끄집어 내셨지요. 바로 이러한 점이 주님께서 우리의 스승임을 보여 줍니다. 그렇게 여인의 마음에 변화가 일기 시작했습니다. 사실 그 여인은 "나도 너를 단죄하지 않는다."라는 말이 필요했던 것입니다. 주님께서는 손을 뻗어 여인을 일으켜 세우셨습니다. 이는 주님께서 그 여인의 마음을 변화시킨 부드러운 눈길과 만나도록 친히 이끌어 주신 것입니다. (사제들의 희년을 맞이하여 행한 피정의 세 번째 묵상에서, 2016. 6. 2.)

누구든지 결코 갚을 수 없는 큰 빚을 진 '매정한 종의 비유'에 나오는 그 종이 될 수 있습니다. 고해소 안에서 사제 앞에 무릎을 꿇을 때, 그 종이 했던 행동을 계속 반복하곤 하지요.

우리는 "주님, 제발 참아 주십시오." 하고 말합니다. 그런데 여러분은 하느님의 인내를 생각해 보았습니까? 그분은 많이 인내하고 계십니다. 사실 우리는 약점이 많고 종종 같은 죄를 반복해서 짓습니다. 그렇지만 하느님께서는 항상 너그럽게 용서해 주십니다. 그리고 지치지 않고 용서해 주십니다.

하느님의 용서는 온전합니다. 하느님께서는 한 인간이 같은 죄를 계속 짓더라도, 온전히 용서받을 수 있다는 확신을 주십니다. 우리를 끊임없이 불쌍히 여기시고 사랑하시기 때문입니다. 그래서 매정한 종의 비유에 나오는 주인처럼 가엾이 여기며 부드러운 연민의 정을 보여 주시는 것이지요. 이는 그분의 자비입니다.

하늘에 계신 우리 아버지께서는 진정으로 회개하는 이를 항상 가엾게 여기십니다. 그리고 모든 것을 전부 용서해 주신다고 다정하게 말씀하시며, 편안한 마음으로 돌아갈 수 있도록 하십니다.

하느님의 용서는 한계가 없으며 상상을 뛰어넘습니다. 하느님께서는 누구든 마음 깊이 자신의 잘못을 깨닫고 당신 품으로 돌아오길 원하십니다. 그리고 그 어느 것보다 용서를 청하는 마음을 바라보십니다.

공교롭게도 내게 작은 실수를 저지른 친구와 문제가 생깁니다. 예수님은 이런 모습을 매정한 종의 비유에서 다음과 같이 표현하셨습니다. "그를 붙들어 멱살을 잡고 '빚진 것을 갚아라.' 하고 말하였다."(마태 18,28)

여기서 인간관계의 모든 비극을 찾을 수 있습니다. 우리는 다른 이에게 빚을 졌을 때는 상대방에게 자비를 청합니다. 그러나 정작 내가 받을 빚이 있을 때는 정의를 요구하지요. 이런 모습은 그리스도를 따르는 제자다운 행동이 아닙니다. 또한 그리스도인의 삶의 방식도 아닙니다.

예수님은 우리에게 용서하라고, 한없이 용서하라고 가르칩니다. "내가 너에게 말한다. 일곱 번이 아니라 일흔일곱 번까지라도 용서해야 한다."(마태 18,22)

결국 예수님이 말해 주고자 한 것은 아버지의 사랑입니다. 우리는 예수님의 사랑에 힘입어 그분 십자가 아래에서 자비를 얻었습니다. 이 사랑을 멈춘다면 그리스도의 진정한 제자로 거듭나지 못할 것입니다. 따라서 예수님이 하신 이 준엄한 말씀을 잊지 말아야 합니다. "너희가 저마다 자기 형제를 마음으로부터 용서하지 않으면, 하늘의 내 아버지께서도 너희에게 그와 같이 하실 것이다."(마태 18,35) (아시시의 산타 마리아 델리 안젤리 대성당에서 행한 묵상, 2016. 8. 4.)

자비롭고 정의로운 하느님

성경은 하느님께서 무한히 자비로운 분이심을 보여 줍니다. 그리고 온전히 정의로운 분으로도 소개하지요. 이 둘을 어떻게 일치시킬 수 있을까요? 어떻게 보면 이 두 모습은 모순되어 보이기도 합니다. 하지만 그렇지 않습니다. 하느님의 자비는 참된 정의를 완성하는 것이기 때문입니다. ……

우리가 생각하는 정의로운 법적 집행은 이런 것입니다. 권력 남용의 피해자가 재판관에게 정당한 판결을 청한다고 합시다. 이때 재판관은 각자 합당한 것을 돌려주어야 한다는 원칙에 따라 죄인에게 벌을 줍니다. 일종의 '보상의 정의'라 할 수 있지요. 하지만 이것은 참된 정의가 아닙니다. 악을 이기는 것이 아니라, 그저 방지하는 것에 불과하기 때문입니다.

그 반면에 악을 진정으로 이기는 것은 선으로 악

에 대응하는 것입니다. …… 하느님께서는 죄인인 우리에게 그렇게 해 주십니다. 주님께서는 우리가 악에서 멀어지길 바라며 죄를 깨닫도록 도와주시고 무한한 용서를 베풀어 주십니다. 단죄가 아닌 구원을 바라시기 때문이지요. …… 이것이 바로 하느님의 마음입니다. 당신 자녀들을 사랑하시고, 그들이 선하고 정의롭게 살며 행복하기를 바라는 하느님 아버지의 마음이지요. 이 마음은 정의에 대한 우리의 협소한 생각을 뛰어넘어, 당신 자비의 무한함을 열어 보여 줍니다. (일반 알현, 2016. 2. 3.)

언제 고해성사를 봐야 할까요?

최근에 고해성사를 본 적이 언제인가요? 각자 마음속으로 대답해 보십시오. 이틀 전? 2주일 전? 2년 전, 10년 전, 40년 전……. 고해성사를 본 지 오래 되었다면 망설이지 말고 좋은 사제를 찾아 가십시오. 참 좋은 사제인 예수님이 거기 계십니다. 그분은 여러분을 정성스럽게 맞이해 주실 것입니다. 용기를 내세요. 그리고 여러분의 죄를 고백하러 가십시오! (일반 알현, 2014. 2. 19.)

> 《가톨릭 교회 교리서》는 제1457조에서 이 점에 관하여 이렇게 가르친다. "교회의 계명에 따라 '모든 신자는 사리를 분별할 나이에 이른 뒤에는 매년 적어도 한 번 자기의 대죄를 성실히 고백할 의무가 있다.' 죽을죄를 지었음을 의식하는 사람은 크게 통회를 했다고 해도, 성체를 모셔야 할 중대한 이유가 있고 또 고해 사제에게 갈 수 없는 경우가 아니면, 먼저 고해성사로 사죄를 받지 않은 채 성체를 모셔서는 안 된다. 어린이들은 첫영성체 전에 고해성사를 받아야 한다."

교황님도 고해성사를 보나요?

저도 15일마다 고해성사를 봅니다. 저 역시 죄인이기 때문이지요. 고해 사제는 제 고백을 듣고 조언을 건네며, 용서해 줍니다. 우리 모두에게는 이러한 용서가 필요합니다. (일반 알현, 2013. 11. 20.)

우리 마음속 보물을 지키십시오

항상 깨어 있어야 합니다

"여러분은 자신의 마음을 잘 지키고 있습니까? 악령의 끊임없는 유혹에서 스스로를 지키고 있습니까?" 2014년 10월 10일 금요일, 프란치스코 교황이 산타 마르타 아침 미사에서 한 질문입니다. 교황은 "나쁜 영이 들어오지 못하도록 성령께서 머무시는 이 보물을 지키는 것이 필요합니다."라고 말했습니다.

우리는 열쇠로 집을 지키듯 마음속 보물을 지켜야 합니다. 교황은 강도를 막기 위해 집안에 수많은 안전장치를 설치해 두는 것을 비유하며, 마음도 그렇게 봉인하고 있는지 물었습니다. 또한 깨어 있는 것이 필요하다고 말했습니다.

우리가 세례를 받아 악령을 멀리 쫓아냈다 하더라도 그 악령이 더 악한 영 일곱을 데리고 마음의 집안으로 들어올 수도 있기 때문입니다. 그래서 계속해서 주의하며 스스로에게 물어야 합니다. "내 마음속에는 어떤 감정이 일어나고 있는가? 나는 내 마음을 지키고 있는가?" 우리는 교황이 일상생활을 위해 제시한 것을 익히도록 해야 합니다. 교황은 다음과 같이 말합니다.

"만약 우리가 집에 있는데 전혀 모르는 사람이 집안을 돌아다니면 어떨까요? 어느 누구도 편안하지 않을 것입니다. 대부분은 이렇게 말하겠지요. '누구세요? 어떻게 들어오신 거죠? 어디로 들어오셨어요?'

우리 마음속에도 이런 일이 일어납니다. 악한 생각, 질투, 시기 등이 느닷없이 들어오곤 합니다. 정말 많은 것들이 들어옵니다. 누가 그런 것들을 들어오게 했을까요? 어디에서 들어왔을까요? 이 원인을 알지 못한다면 우리 마음속은 아무나 오고가는 광장이 되어

버릴 것입니다."

이런 일이 일어나지 않게 하려면 어떻게 해야 할까요? 교황은 복음에서 실마리를 찾았습니다. "나와 함께 모아들이지 않는 자는 흩어 버리는 자다."(마태 12,30) 여기에서 예수님이 사용하신 표현인 "모아들이다"에 주목할 필요가 있습니다.

교황은 모아들인 마음을 지니는 것, 즉 무엇이 일어나는지 깨달을 수 있는 것에 주목합니다. 이런 의미에서 양심 성찰을 실천하는 것이 필요합니다. 하루가 마무리 되는 저녁에 조용히 내 마음을 성찰해 봅시다. 스스로에게 '오늘 내 마음에 무슨 일이 일어났는가? 내 마음을 거쳐 지나간 생각과 감정은 무엇인가?'라고 묻는 것입니다. 《로세르바토레 로마노》, 2014. 10. 11.)

올바른 죄의 고백을 위한 조건

《가톨릭 교회 교리서》는 올바르고 효과적인 죄의 고백을 위한 기본 조건을 언급한다.

통회와 결심

제1451항: 참회하는 사람의 가장 중요한 행위는 통회痛悔이다. 통회는 "지은 죄에 대한 마음의 고통이며, 다시는 죄를 짓지 않겠다는 결심으로 그 죄를 미워하는 것이다."

죄의 고백

제1456항: 사제에게 하는 고백은 고해성사의 핵심 부분이다. "참회자들이 고백할 때에는 진지하게 성

찰한 뒤에 알아낸 모든 죽을죄들을 열거해야 한다. 그 죄들이 매우 은밀한 것이고 십계명의 마지막 두 계명만을 범한 것일지라도 그러하다. 이 죄들은 영혼에 더욱 심한 상처를 입히며, 공공연하게 지은 죄들보다 더 위험하기 때문이다." ……

이와는 달리 그중 몇몇을 고의로 숨기는 사람들은 사제를 통하여 용서해 주실 선하신 하느님께 아무것도 제시하지 않는 것이 된다.

보상 (저질러진 죄악을 기워 갚는 것)

제1459항: 많은 죄들이 이웃에게 해를 끼친다. 이를 갚기 위해서 가능한 일들을 해야 한다(예를 들어 훔친 물건을 되돌려 주는 일, 모함당한 사람의 명예를 회복시키는 일, 손해를 배상하는 일 등).

단순한 정의도 이런 일을 요구한다. 그러나 죄는 결국 자신에게 상처를 입히고 나약하게 하며, 하느님에 대한 관계, 이웃에 대한 관계를 해친다.

용서는 죄를 없애 주지만 죄의 결과로 생긴 모든 폐해를 고쳐 주지는 못한다. 죄에서 벗어난 사람은 완전한 영적 건강을 회복해야 한다.

그러므로 그 죄를 갚기 위해서는 무엇인가 더 실행하여야 한다. 적절한 방법으로 죄를 '보상'하거나 '속죄'하여야 할 것이다. 이러한 갚음을 '보속補贖'이라고 부른다.

보속

제1460항: 고해 사제는 고백자에게 보속을 정해 줄 때, 그 사람의 개인적인 상황을 고려하고, 그의 영

적 이익을 도모해야 한다.

 보속은 가능한 한 지은 죄의 경중과 특성에 맞아야 한다. 보속은 기도일 수도 있고, 헌금, 자선 행위, 이웃을 위한 봉사, 자발적인 절제, 희생이 될 수도 있으며, 특히 우리가 져야 할 십자가를 인내로 받아들이는 일일 수도 있다.

 이러한 보속들은 우리가 우리 죄 때문에 한 번에 영원히 속죄하신 그리스도를 닮도록 도와준다. 보속은 "우리가 그리스도와 함께 고난을 받기"(로마 8,17) 때문에 우리를 부활하신 그리스도와 함께 공동 상속자가 되게 해 준다.

2장

다가올 은총의 시간을 준비하십시오

통회의 기도

참회자는 죄를 용서받기 전,
통회의 기도로 자신의 통회를 드러냅니다.

저의 하느님,
저는 제가 지은 죄를 온 마음을 다하여
후회하고 슬퍼합니다.
저는 죄를 지었기에 당신께 벌을 받아 마땅합니다.
한없이 선하시고,
모든 것 위에 사랑받으셔야 할 당신께
많은 상처를 드렸습니다.
이제 결코 당신께 상처를 드리지 않고,
다시금 죄를 지을 기회를 피할 수 있도록
당신의 거룩한 도움을 청하나이다.

자비로우신 주님, 저를 용서해 주소서.

"기억하소서, 주님,

먼 옛날부터 베풀어 오신

당신의 자비와 당신의 자애를.

제 젊은 시절의 죄악과 저의 잘못은

기억하지 마소서.

주님, 당신의 자애에 따라, 당신의 선하심을

생각하시어 저를 기억하여 주소서."(시편 25,6-7)

"저의 죄에서 저를 말끔히 씻으시고

저의 잘못에서 저를 깨끗이 하소서.

저의 죄악을 제가 알고 있으며

저의 잘못이 늘 제 앞에 있습니다."(시편 51,4-5)

"아버지, 제가 하늘과 아버지께 죄를 지었습니다.

저는 아버지의 아들이라고 불릴 자격이 없습니다."

(루카 15,18)

"오, 하느님! 이 죄인을 불쌍히 여겨 주십시오."

(루카 18,13)

하느님의 아드님 주 예수님,

이 죄인을 불쌍히 여기소서.

오 예수님, 사랑의 등불이시여,

당신을 아프게 하지 않겠습니다.

오 사랑하는 저의 예수님, 너무도 좋으신 예수님,

당신의 거룩한 은총으로

더 이상 당신을 아프게 하지 않겠습니다.

저는 모든 것보다 당신을 더 사랑하기 때문입니다.

자비로우신 예수님, 저를 용서하소서!

양심 성찰

3단계의 양심 성찰 방법

 2015년 2월 22일, 사순 제1주일 삼종기도가 끝날 무렵에 프란치스코 교황은 성 베드로 광장에 모인 신자들에게 《마음을 지켜라》라는 소책자를 선물합니다. 이 책에는 간단한 양심 성찰이 담겨 있습니다. 교황은 "사순 시기는 마음을 중심으로 한 회개의 여정입니다. 내 마음이 선하신 주님을 제외한 그 어떤 사람도 오고 가는 광장이 되지 않도록 잘 지켜야 합니다."라고 말하였습니다.

1. 하느님에 대해 생각해 봅시다

- 필요한 순간에만 하느님을 찾은 적이 있습니까?
- 주일과 의무 대축일을 잘 지킵니까?
- 하루를 기도로 시작하고 마무리합니까?
- 하느님과 성모님 그리고 성인들의 이름을 함부로 부른 적이 있습니까?
- 그리스도인이라는 것을 드러내길 부끄러워 한 적이 있습니까?
- 영적으로 성장하기 위해 어떤 노력을 합니까?
- 하느님이 마련하신 계획을 거부한 적이 있습니까?
- 기도를 바칠 때, 하느님께 내 뜻을 이루어 달라고 강요한 적이 있습니까?

2. 가족과 이웃에 대해 생각해 봅시다

- 어려운 이웃을 돕고, 자선을 베풀었습니까?
- 사이가 안 좋은 이웃을 용서했습니까?
- 나보다 약한 사람들을 경멸하거나 그들을 험담한 적이 있습니까?
- 이웃에게 화를 내거나 질투한 적이 있습니까?
- 소외되고 아픈 이웃을 돌보았습니까?
- 다른 이가 나쁜 일을 하도록 유도한 적이 있습니까?
- 복음 정신에 따라 가정을 잘 돌보고 있습니까?
- 자녀들을 올바른 신앙인으로 키우기 위해 교육하고 있습니까?
- 부모님을 공경하고 존중합니까?
- 형제자매들을 사랑으로 대하고 있습니까? 미워하거나 좋지 않은 마음을 품은 적이 있습니까?

3. 나 자신에 대해 생각해 봅시다

- 세상 일에 지나치게 신경 쓰며, 신앙생활을 소홀히 하고 있지는 않습니까?
- 먹고 마시는 즐거움에 지나치게 빠지지는 않았습니까?
- 내 이익만을 따지고 신경 쓰지는 않습니까?
- 주어진 시간을 허투루 보내고 있지는 않습니까?
- 게으르게 살지는 않았습니까?
- 다른 사람에게 대접받고자 하지는 않습니까?
- 순수한 마음으로 행동하며 나 자신을 성장시키려고 노력합니까?
- 내게 해를 끼친 사람에게 원한을 품고 앙갚음 하고자 한 적이 있습니까?
- 다른 이를 온화하고 겸손한 마음으로 대했습니까?

십계명으로 하는 양심 성찰

제1계명: 한 분이신 하느님을 흠숭하여라

- 당신의 삶에서 하느님은 어떤 존재입니까?
- 일상의 순간마다 하느님께 감사를 드렸습니까? 부나 성공, 명예 등에 관심을 두지는 않습니까?
- 신앙을 잘 보존하고, 매일 조금씩이라도 기도를 바쳤습니까?
- 신앙이나 교회의 가르침을 받아들이지 않은 적이 있습니까?
- 타로, 사주, 운세를 보지는 않습니까? 부적이나 행운을 가져온다는 물건을 가지고 있습니까?

제2계명: 하느님의 이름을 함부로 부르지 마라

- 하느님과 성모님의 이름을 함부로 부른 적이 있습니까?
- 원하는 대로 일이 이루어지지 않았을 때, 하느님을 원망하거나 화를 낸 적이 있습니까?
- 하느님을 모욕하는 이를 보았을 때, 마음속으로 하느님께 대한 사랑을 품고 그분의 상처가 치유되길 기도하였습니까?
- 하느님의 이름으로 맹세를 한 적이 있습니까?
- 성인을 존중하지 않거나 성물을 함부로 다룬 적이 있습니까?

제3계명: 주일을 거룩히 지내라

- 게으름을 피워서 주일 미사나 의무 대축일에 빠진

적이 있습니까?
- 미사 중에 다른 생각을 하거나 잡담하고, 다른 이에게 분심을 일으킨 적이 있습니까?
- 주일을 헛되이 보냈습니까?

제4계명: 부모에게 효도하여라

- 가족을 따뜻히 대했습니까?
- 가족에게 화가 났을 때 분위기를 바꾸고자 노력했습니까?
- 부모를 존경하고 마음을 다해 공경하려고 노력했습니까?
- 자녀의 교육에 책임감을 갖고, 부모로서 모범을 보였습니까?
- 자녀와 많은 이야기를 나누고, 충분히 놀아 주는 시간을 가졌습니까?

- 형제자매와 사소한 일로 다투거나 싸운 적이 있습니까?
- 한 사람의 시민으로 의무와 책임을 다했습니까?

제5계명: 사람을 죽이지 마라

- 평소에 술, 담배를 과도하게 합니까?
- 음식을 앞에 두고 지나치게 식탐을 부린 적이 있습니까?
- 다른 이를 질투하거나 미워하고 복수하고자 한 적이 있습니까?
- 다른 이가 내게 저지른 불의와 잘못을 용서하였습니까?
- 다른 이에게 물리적, 언어적 폭력을 저지른 적이 있습니까?
- 타인을 경멸하거나, 인종 차별적인 발언 혹은 행동

을 한 적이 있습니까?

- 운동 경기를 할 때 정정당당하지 않게 행동한 적이 있습니까?
- 다른 이와 다투고 나서 화해하려고 노력했습니까?
- 다른 이의 불행에 기뻐한 적이 있습니까?

제6계명과 제9계명: 간음하지 마라, 남의 아내를 탐내지 마라

- 포르노 영상이나 음란한 사진을 본 적이 있습니까?
- 연인이나 배우자에게 충실했습니까?
- 누군가와 정식으로 혼인하지 않고 동거하며 살고 있습니까?
- 성생활을 부부 간 사랑의 표현으로 여기지 않고, 이기적인 쾌락의 도구로만 즐기고 있지는 않습니까?
- 새로운 생명인 아기를 받아들일 수 있도록 준비하고

있습니까?

- 내 옷차림이나 말, 행동이 다른 사람들의 입에 오르내리고 있지는 않습니까?
- 이성을 음흉한 마음으로 바라본 적이 있습니까?

제7계명과 제10계명: 도둑질을 하지 마라, 남의 재물을 탐내지 마라

- 다른 이의 물건을 훔치거나 사기를 친 적이 있습니까?
- 몰래 다른 이의 물건을 망가트린 적이 있습니까?
- 돈을 계획 없이 쓰면서 낭비하고 있습니까?
- 정직하고 책임감 있는 자세로 일하고 있습니까?
- 다른 이에게 부당한 일을 저지른 적이 있습니까?
- 다른 이의 재산이나 물건을 부러워 한 적이 있습니까?

제8계명: 거짓 증언을 하지 마라

- 다른 이를 속인 적이 있습니까?
- 다른 이를 경솔하게 판단한 적이 있습니까?
- 다른 이를 험담하면서 나쁜 소문이나 비방을 퍼트린 적이 있습니까?
- 누군가를 비난하고 모함한 적이 있습니까?

부록

고해 사제들에게 건네는 프란치스코 교황의 말씀

자비로우신 아버지처럼

모든 고해 사제는 되찾은 아들의 비유에 나오는 아버지와 같이 신자들을 맞이하여야 합니다. 자신의 재산을 탕진해 버렸지만 그 아들을 반기러 뛰어 나가는 아버지처럼 말입니다. 고해 사제는 집으로 돌아오는 참회하는 아들을 끌어안고 그를 되찾은 기쁨을 드러내야 합니다.

고해 사제는 기뻐하지 못하고 밖에 서 있는 다른 아들에게도 다가가 하느님 아버지의 끝없는 자비 앞에서 그의 완고한 생각은 바르지 못하고 아무 소용이 없다는 것을 끊임없이 설명해 주어야 합니다.

고해 사제들은 쓸데없는 질문을 하지 말고 그 비유에 나오는 아버지처럼 돌아온 아들이 미리 준비한 말도 막아 버려야 합니다. 고해 사제들은 도움을 청하고 용서를 비는 고해자 한 사람 한 사람의 마음을 알아야 할 것입니다. 한 마디로, 고해 사제들은 언제나 어디서나 어떠한 상황에서나 그 무엇보다 앞서 자비의 으뜸가는 표지가 되어야 합니다. (칙서 〈자비의 얼굴〉, 17항)

신자들은 고해소에서 모든 것을 용서해 주고 감싸 주는 아버지를 만나길 원합니다. 고해 사제는 고해를 듣고 악이 무엇인지 잘 분별할 수 있도록 말해 줄 것입니다.

하지만 신자들은 삶을 변화시킬 수 있도록 도와주는 아버지, 앞으로 나아갈 수 있도록 힘을 주는 아버지, 하느님의 이름으로 우리를 용서해 주는 아버지와 같은 사제를 찾아 고해소에 들어갑니다. 그래서 고해 사제에게는 매우 큰 책임이 있습니다. 사제로서 고해소에 있는 여러분이 잊지 말아야 할 것이 있습니다.

그것은 사제가 고해소 안에서 자비로움으로 정의를 구현하시는 하느님의 자리를 대신하고 있다는 것입니다. (일반 알현, 2016. 2. 3.)

저는 사제의 참된 사명인 고해성사의 직무를 신중하게 준비하라고 다시 한번 요청합니다. 저는 진심으로 모든 사제 여러분의 봉사에 감사드리며, 모든 이를 환대하고 심각한 죄에도 아버지의 사랑을 증언하며 참회자들이 자신들이 저지른 악을 반성하는 데에 도움이 되는 배려와 도덕적 원칙을 분명하게 제시할 것을 요청합니다.

그리고 참회의 여정에 있는 신자들 곁에서 끈기 있게 기꺼이 동행해 주며 개인들의 사정을 현명하게 식별하고 하느님의 용서를 베푸는 데에 관대할 것을 요청합니다. 예수님이 간음하다 잡힌 여자를 사형에서 구해 주시고자 침묵을 선택하신 것처럼, 고해소 안의 사제는 마음을 열어야 합니다. 모든 참회자는 사제 자신도 죄인이지만 자비의 봉사자임을 깨닫게 해 주기 때문입니다. (교서 〈자비와 비참〉, 10항)

누군가에게 자비를 베풀 때, "너희가 심판하는 그대로 너희도 심판받을 것이다"(마태 7,2)라고 하신 예수님의 가르침을 떠올리십시오. 참을성 없는 사제들은 고해성사 때 신자들을 꾸짖거나 비난합니다. 제가 그들을 힐난하는 것을 양해해 주시길 바랍니다. 하느님께서도 그 사제들을 그렇게 비난하고 꾸짖으실 테니, 적어도 여러분은 그렇게 하지 마십시오. (사제들의 희년에 행한 영적 피정의 첫 번째 묵상, 2016. 6. 2.)

착한 사마리아인처럼

기도를 통해 상처 입은 마음을 선물로 청하는 것이 필요합니다. 이는 다른 이의 상처를 깨닫고 자비의 기름으로 그 상처를 치료할 수 있게 합니다. 착한 사마리아인은 어느 누구도 자비를 베풀지 않았던 그 불쌍한 사람을 그냥 지나치지 않았습니다. 사마리아인이 그 불쌍한 사람에게 부어 주었던 것이 바로 '자비의 기름'입니다. (내사원 내부 포럼 과정 참석자들에게 행한 연설, 2017. 3. 17.)

"지난 번 성사 때는 아주 엄격한 신부님을 만났어요.", "어떤 신부님은 고해성사 때 아주 관대하시더라고요. 보속도 적게 주시고요." 때때로 신자들은 이런 이야기를 하곤 합니다.

엄격함과 관대함은 별로 좋지 않습니다. 고해 사제

들의 모습이 서로 다른 것은 당연하지만 그 다름이 본질적인 것, 곧 도덕적 교리와 자비를 평가할 수 없습니다. 엄격주의나 방임주의 경향의 사제들은 예수 그리스도를 증거할 수 없습니다. 신자들의 영혼 문제에 대해 책임을 지지 않기 때문입니다.

엄격주의자는 다른 이에게 책임을 전가합니다. 냉철하고 엄격한 방법으로 법을 이해하기에 사람을 구속하지요. 그러면 그 반대인 방임주의자는 어떨까요? 방임주의자도 마찬가지로 책임을 다른 이에게 돌립니다. 겉으로는 자비로운 척 하지만, 실제로는 죄를 최소화하며 진지하게 다루지 않습니다.

하지만 참된 자비는 한 신자의 영혼 문제에 대해 책임을 집니다. 고백을 주의 깊게 듣고, 고해자를 존중하고 진실한 마음으로 고해자의 상황에 접근하여 화해의 여정에 동반합니다. 물론 쉬운 일은 아니지요.

기억하십시오. 자비로운 사제는 착한 사마리아인처

럼 행동합니다. …… 왜 그렇게 해야 할까요? 착한 사마리아인은 연민의 마음을 지니고 있기 때문입니다. 그리고 그 마음은 바로 예수님의 마음입니다. (로마의 본당 신부들에게 행한 연설, 2014. 3. 6.)

'자비'와 '관대함'은 엄연히 다릅니다. 그런데 이 둘을 많이 혼동하는 것 같습니다. 이렇게 생각할 수 있습니다. 관대하거나 엄격한 고해 사제 모두 자비롭다고 말할 수 없습니다.

먼저 관대한 사제는 이렇게 말할 것입니다. "계속 얘기하세요. 그게 죄는 아닙니다. 가세요, 얼른 가세요!" 또 그 반면에 엄격한 사제는 "그건 안 됩니다. 교리와 교회법에 어긋납니다."라고 말합니다.

두 경우 모두 고해자를 진정으로 형제처럼 여기지 않았습니다. 그의 손을 잡아 주고, 회개의 여정에 동반하지 않았기 때문입니다. 한편 자비로운 사제는 고해자의 말에 귀를 기울입니다. 용서를 베풀고, 용서에 대한 책임을 지며 회개의 여정에 동반합니다. 왜냐하면 고해자의 회개는 한 번에서 끝나지 않고 계속해서 이루어져야 하기 때문이지요.

자비로운 사제는 잃어버린 양을 찾아 나선 착한 목자와 같습니다. 착한 목자가 잃었던 양을 어깨에 둘러메고 돌아오듯, 자비로운 사제도 착한 목자처럼 고해자를 책임을 집니다. 진정 자비로운 사제는 자신의 형제요, 자매인 신자들에게 책임을 갖고 앞으로 계속 나아갈 수 있도록 도와줍니다. 그러니 "아, 괜찮아요. 그냥 가세요, 가세요."라고 말하거나 엄하게 꾸짖지 마십시오. 이는 매우 중요합니다.

어떻게 하면 자비로운 사제가 될 수 있을까요? 바로 기도하는 사제, 눈물을 흘리는 사제, 그리고 고해자보다 자신이 더 죄인임을 깊이 깨닫는 사제여야 합니다. 또한 고해자가 고백한 나쁜 짓을 사제가 한 번도 저지른 적이 없다면 이는 단순히 하느님의 은총 때문이라는 것을 기억하십시오. 자비로운 사람은 늘 회개의 여정에 가까이 동반합니다. (내사원 내부 포럼 과정 참석자들에게 행한 연설, 2015. 3. 12.)

사제들은 하느님께 부여받은 죄를 용서하는 직무를 행할 때, 섬세하고 평화로운 마음을 지니고 해야 합니다. 신자들을 함부로 대하지 말고, 온화하고 친절하며 자비롭게 대하십시오. 그 마음에 희망의 씨앗을 뿌리고, 또한 그들이 용서를 청하러 온 것임을 기억하십시오. 예수님이 당신을 찾아온 많은 사람을 치유해 주셨던 것처럼 용서를 베푸십시오. 이러한 마음의 자세를 갖추지 못한 사제는 성사를 집행하지 않는 편이 낫습니다. 죄를 참회하는 신자들은 진정으로 용서를 베푸는 사제를 택할 권리가 있습니다. (일반 알현, 2013. 11. 20.)

착한 목자인 예수님처럼

좋은 고해 사제는 참된 목자이신 예수님의 친구입니다. 고해성사에는 예수님이 보여 주시는 부성이 필요하기에 그분과의 우정이 없다면 불가능합니다. 예수님의 친구가 된다는 것은 우선 기도를 열심히 하는 것을 의미합니다. 그 기도는 주님께 바치는 사제의 개인 기도로서, 사목적으로 신자들을 항구히 사랑할 수 있는 은총을 청하는 것입니다. 그러므로 고해 사제로서 자신의 임무를 잘 수행하기 위한 것이자, 하느님의 자비를 청하러 사제를 찾는 신자들을 위한 특별한 기도입니다. (내사원 내부 포럼 과정 참석자들에게 행한 연설, 2017. 3. 17.)

예수님은 지치고 힘들어하는 이들을 목자 없는 양처럼 바라보셨습니다. 이처럼 사제들도 신자들을 목자 없는 양처럼 가엾이 여겨야 합니다. 예수님은 하느님의 "애정"을 갖고 있습니다. 성경 속 이사야 예언자는 하느님의 애정에 대해 말합니다. 그는 하느님을 당신의 백성들, 특히 소외된 이들과 죄인들, 아무도 돌보지 않는 병자에 대한 충만한 사랑으로 가득하신 분이라고 소개합니다.

이처럼 사제는 착한 목자로 자신에게 맡겨진 양들과 가깝게 지내고, 모든 이의 봉사자로서 자비와 연민을 지닌 사람이어야 합니다. 제가 강조하고 싶은 것은 이 '친밀감'입니다. 이것이 사목을 할 때 가장 기본적으로 지녀야 하는 모습입니다. 가까움과 봉사가 아닌, 가까움과 친밀감을 가지십시오. ……

누구든지 삶에서 상처를 입은 이는 사제의 관심과 조언을 구할 수 있습니다. 이럴 때 사제는 고해성사에서 자비의 애정을 드러내야 합니다. 고해자를 맞아들이고, 귀담아 듣고, 조언하고, 사죄하는 모든 과정 안에서 자비의 애정을 드러내십시오. 하지만 자비의 애정은 사제가 스스로 성사를 체험하는 방식으로 이루어져야 흘러나옵니다.

다시 말해서 사제 자신이 하느님께 죄를 고백하고 용서받았을 때 진정한 자비를 체험해야 합니다. 이런 체험을 한 사제는 고해자에게 자신이 받았던 하느님 자비의 애정을 충분히 베풀어 줄 수 있습니다. (로마의 본당 신부들에게 행한 연설, 2014. 3. 6.)

고해성사는 부활하신 예수님의 새 생명을 전해 주고, 세례로 받은 은총을 새롭게 합니다. 사제의 임무는 신자들에게 친절하게 화해의 성사를 베풀어 주는 것입니다.

고해성사의 은총을 베풀어 주십시오. 고해성사에 많은 시간을 쏟고, 어떻게 하면 영적으로 신자들에게 도움이 될까 고민하십시오. 이를 소홀히 하는 사제는 잃어버린 양을 돌보지 않는 목자와 같습니다. (내사원 내부 포럼 과정 참석자들에게 행한 연설, 2014. 3. 28.)

야전 병원의 의사처럼 담대하게

저는 오늘날 교회가 마치 야전 병원과 같다고 생각합니다. 이 말을 반복해서 죄송합니다. 하지만 저는 교회가 "야전 병원"처럼 보이고, 또 그렇게 느껴집니다. 수많은 상처들을 치료할 필요가 있습니다! 수많은 상처들! 교회 안의 많은 이들도 여러 문제 때문에 상처를 받고 있습니다. …… 또 세상의 환상에서 상처를 받는 사람도 있지요. …… 사제들은 상처받은 사람들 곁에 있어야 합니다.

자비는 먼저 상처를 치료하는 것을 의미합니다, 예를 들어 어떤 이가 다쳤다면 혈당 수치가 얼마고, 콜레스테롤 양이 어떤지 분석하는 것이 아니라 상처를 즉시 치료해야 합니다. 치료한 후에 분석을 하지요. 저는 이렇게 하는 것이 맞는다고 생각합니다. 하지만 자신의 상처를 드러내길 꺼리며 세상과 멀어진 이들도 있습니다. 그런 면에서 모세법에 따라 항상 사람들과 멀리 떨어져 지내야 했던 예수님 시대의 나병 환자들이 생각납니다. ……

자신의 상처를 보이길 원치 않는 부끄러움 때문에 세상과 멀어진 이들이 있습니다. 이들은 얼굴을 찡그리며 교회를 멀리하기도 합니다. 하지만 그 내면에는 상처가 있을지도 모릅니다. …… 그리고 상처받은 마음을 누군가 어루만져 주길 바랍니다.

사랑하는 동료 신부님들, 여러분은 본당 신자들 중에 상처받고 고통을 겪고 있는 이가 누군지 알고 있습니까? 또한 그 상처가 무엇 때문인지 알고 있습니까? 그리고 지금 그들 곁에 가까이 머물러 있습니까? (로마의 본당 신부들에게 행한 연설, 2014. 3. 6.)

고해성사는 자유롭고 풍요로운 인간적인 만남입니다

고해성사가 마치 "고문실"처럼 느껴져서는 안 됩니다(《복음의 기쁨》, 44항 참조). 우리는 죄를 고백한 후 자연스레 회개하며 기쁨의 눈물을 흘리게 되지요. 그래서 고해성사를 마친 이의 마음은 행복과 희망으로 가득 차 있습니다. 그러기에 밝은 얼굴로 고해소를 나서게 됩니다.

성사는 모든 참회 행위를 포함합니다. 하지만 마음이 무거워지고 짜증스러우며 겁나는 고문이 아니라, 오히려 자유롭고 충만한 인간적인 만남이 되어야 합니다. 이는 가능한 한 책임을 가지고 자비를 교육하는 것입니다. 그러면 신자는 자주 성사를 보도록 초대받고 있다고 느껴서, 더욱더 마음으로 죄를 고백하는 섬세함을 배우게 될 것입니다.

고해 사제 역시 마찬가지입니다. 이렇듯 우리 사제들이 하느님과 인격적인 관계를 성장시키면, 사랑과 평화가 넘치는 하느님 나라가 고해자들의 마음에서 더욱 커질 것입니다. (내사원 내부 포럼 과정 참석자들에게 행한 연설, 2015. 3. 2.)

사제들은 고해성사가 하느님과 신자들이 만나는 것임을 잊지 말아야 합니다. 그런데 많은 경우에 고해성사가 기계적으로, 혹은 하나의 요식 행위처럼 보이기도 합니다. 프란치스코 교황은 이렇게 말했습니다.

"어디에서 주님을 만날 수 있습니까? 당신을 껴안고 용서의 축제를 벌이시는 주님, 그분이 바로 좋으신 우리 하느님이십니다."

이처럼 "죄를 잘 고백하도록 가르치는 것"이 중요합니다. 교황은 이 문제에 대해 이렇게 말했습니다. "어린이들과 청소년들이 고해성사를 마치 얼룩을 없애러

세탁소에 가는 것처럼 생각하지 않도록 잘 이끌어 주십시오. 죄를 고백하러 가는 것은 우리와 화해하시고, 용서의 잔치를 벌이시는 아버지를 만나러 가는 것입니다. 이를 잘 기억할 수 있도록 가르쳐 주십시오." (《로세르바토레 로마노》, 2015. 1. 24.)

모든 고해자는 "거룩한 땅"입니다

우리는 하느님께 자비를 받은 '자비의 직무자'입니다. 따라서 초자연적인 시각을 잃어버려선 안 됩니다. 초자연적인 시각이란 죄를 고백하는 모든 형제자매를 겸손하고 편안하게, 그리고 자비롭게 대하는 것을 말합니다.

우리가 나쁜 죄에 빠지지 않았던 것은 순전히 하느님의 은총 덕분입니다. 성사를 집행하며 이런 은총을 오롯이 느껴야 합니다. 또한 죄의 고백 역시 초자연적으로 들어야 합니다. 이는 하느님께서 하시듯 개개인의 역사와 존엄성을 존중하며 고백을 듣는 것을 뜻합니다. 그래야 하느님께서 고해자에게 바라는 것을 이해할 수 있게 됩니다. 교회는 사제, 수도자, 평신도들을 모두 '동행의 예술'로 이끌도록 부름 받았습니다. 모든 이가 다른 이의 거룩한 땅에서 신을 벗으라고 배웠기 때문입니다(탈출 3,5 및 〈복음의 기쁨〉 169항 참조).

용서를 청하러 하느님 앞에 오는 가장 큰 죄인 역시 "거룩한 땅"입니다. 때때로 하느님의 이름으로 가장 큰 죄인을 용서해야 하는 저 또한 그 사람보다도 더 나쁜 짓을 저지를 수 있습니다. 고해소를 찾아오는 참회하는 모든 신자는 "거룩한 땅"입니다. 그곳은 우리가 사목적으로 꾸준한 관심과 헌신으로 가꾸어야 할 거룩한 땅입니다. (내사원 내부 포럼 과정 참석자들에게 행한 연설, 2015. 3. 12.)

식별하고 양성하도록 부름받은 이들

고해소는 복음화의 장소이자, 양성의 장소입니다. 고해 사제는 고해자와 나눈 짧은 대화 안에서도 그의 영적 여정에 더 유용한 것과, 필요한 것이 무엇인지 식별하도록 부름받았습니다. 그러기에 때로는 신앙의 가장 기본적인 진리와 핵심 교리, 케리그마를 다시 전하는 것이 필요합니다. 이런 것이 없으면 하느님의 사랑과 자비에 대한 체험 역시도 아무런 울림이 없게 됩니다. 때로는 진리와 선, 주님의 뜻과 관련된 도덕적 지침을 제시해야 합니다. 이는 신자들에게 많은 도움을 줄 수 있는 신속하고도 지적인 식별 활동입니다. (내사원 내부 포럼 과정 참석자들에게 행한 연설, 2017. 3. 17.)

죄를 사해 줄 수 없는 고해자도 축복해 주길

저는 고해 사제들에게 이렇게 말합니다. "얘기하세요. 그리고 인내를 갖고 들으세요. 그리고 하느님께서 그를 사랑하고 있다고 말해 주세요."

만약 사제가 죄를 사해 줄 수 없다면 그 이유에 대해 설명해 주고, 성사적 사죄가 없더라도 축복해 주십시오. 성사를 받을 수 없는 사람들, 혼인 장애에 걸린 사람이라도 하느님께서는 사랑하십니다. 그런 사람들 역시 누구나 하느님의 사랑과 축복을 받을 수 있습니다. 《하느님의 이름은 자비입니다 Il nome di Dio è Misericordia》, 32쪽)

고해자들의 부끄러움을 이해하세요

하느님의 대리자인 사제도, 다른 사제에게 내 죄를 고백한다는 것은 결코 쉬운 일이 아닙니다. 내 죄를 다른 사람에게 고백해야 한다는 것은 더 많은 부끄러움을 느끼게 합니다. 부끄러움은 개인적 삶에 아로새겨진 내면의 감정입니다. 이 부끄러움 때문에 고해자가 침묵할 수도 있으니 고해 사제의 존중과 격려가 필요합니다. …… 몇 달 전에 로마 교구청의 현명한 추기경님 한 분과 몇몇 신부님들을 뵈었습니다. 한 분이 이런 얘기를 하시더군요. "고해성사 때, 한 신자가 새롭게 시작하고 싶다고 얘기했습니다. 저는 그가 과거의 모습을 버리고 싶어 하는 것을 눈치채었지요. 그래서 그저 이렇게 얘기해 주었습니다. '예, 알겠습니다. 걱정하지 마세요.'" 이것이 바로 사제의 역할입니다.

(자비의 선교사들에게, 2016. 2. 9.)

여러분은 "성령의 사람들"입니다

고해성사는 성령께서 주관하십니다. 고해성사가 주는 용서는 부활하신 주님께서 성령을 통해서 주신 새로운 생명입니다. "성령을 받아라. 너희가 누구의 죄든지 용서해 주면 그가 용서를 받을 것이고, 그대로 두면 그대로 남아 있을 것이다."(요한 20,22-23) 따라서 여러분은 항상 성령의 사람으로서, 주님의 부활을 기쁘게 증거하고 선포하는 이로 부름을 받았습니다. 이는 신앙과 "도유"로 고해성사를 집전하는 사제의 얼굴과 목소리에서 보고 느낄 수 있습니다. (내사원 내부 포럼 과정 참석자들에게 행한 연설, 2014. 3. 28)

기도 안에서 식별과 연민의 영이신 성령께 간구합시다. 성령께서는 우리를 고해소로 오는 형제자매들의 고통과 일치하게 해 주십니다. 그리고 고해자의 죄를 신중하고 성숙하게 식별할 수 있도록 해 주시지요. 또 죄의 비참함으로 당하는 고통에 대해 참된 연민을 지니고 고해자와 함께할 수 있도록 해 주십니다. (내사원 내부 포럼 과정 참석자들에게 행한 연설, 2017. 3. 17.)

늘 고해성사를 줄 준비가 되어 있어야 합니다

사제는 늘 악과 죄가 도사리는 외곽으로 나아가도록 부름받은 이들입니다. 그러므로 고해성사를 주는 것은 사목적 특권입니다. 그러니 "월요일과 수요일, 몇 시부터 몇 시까지만 고해성사를 줍니다."라는 안내 표지판이 없도록 해 주십시오. 제발 부탁드립니다. 사제는 신자들이 성사를 청할 때마다 매번 거행해야 합니다. 고해소 곁에 늘 기도하며 머무르십시오. 그러면 하느님의 마음이 활짝 열린 고해소에 함께 머무를 것입니다. (내사원 내부 포럼 과정 참석자들에게 행한 연설, 2017. 3. 17.)

여러분은 자비로우신 하느님과의 만남의 표징이자 도구입니다

만남의 표징이자 도구, 이것이 우리 사제들의 모습입니다. 만남을 위해서는 효과적인 끌어당김이 있어야 합니다. 표징이란 어떤 사람이 주위를 끌기 위해 신호를 보내는 것처럼 우리를 끌어당기는 어떤 것을 말합니다. 그래서 일관되고 명확해야 하며, 알기 쉬워야 하지요. 특별한 몇몇 사람만이 알아듣는다면 별 도움이 되지 못합니다.

또한 도구는 정확하고 알맞은 방식으로 현실에 유용하게 영향을 끼쳐야 합니다. 그래야 삶을 효과적으로 살아가도록 합니다. 어떤 이가 진정으로 자비로우신 하느님을 만난다면 사제는 그 만남의 도구가 됩니다. 신자들이 얼굴을 마주보며 "서로 만나게 하는 것"이 우리 사제들의 소임입니다. 그 다음에 그들이 무엇을 하는지는 각자의 몫입니다.

주님께서 말씀하신 비유를 생각해 보십시오. 돼지 우리에서 일하는 방탕한 아들이 있고, 매일 저녁마다 떠나 버린 아들이 돌아오는지 보기 위해 옥상에 올라가는 아버지가 있습니다. 잃어버린 양이 있고, 그 양을 찾아 나서는 목자가 있습니다. 길가에 내동댕이쳐진 사람과, 그를 돌보려는 선한 마음을 가진 사마리아인이 있습니다.

어떻게 하는 것이 우리의 직무입니까? 앞서 말씀드린 사람들, 방탕한 아들과 그를 기다리는 아버지, 잃어버린 양과 그 양을 찾아 나선 착한 목자, 상처 입은 사람과 사마리아인, 이들이 서로 만나는 것이 표징과 도구가 되는 것입니다. …… 표징과 도구는 여러 모습이 있습니다. 그러나 자기중심적으로 해석해서는 안 됩니다. 어느 누구도 단 한 번으로 표징이 무엇인지 이해해서는 안 됩니다.

또 어느 누구도 드라이버나 망치를 사용하지 않고 바라만 봐서는 안 됩니다. 그것을 사용할 곳을 찾아야 하지요. 우리는 쓸모없는 종입니다. 하지만 동시에 주님께서 말씀하신 비유 속 아버지와 아들과도 같은 존재로, 두 사람을 서로 얼싸안고 일치하게 한 매우 유용한 도구이자 표징이기도 합니다. (사제들의 희년을 맞이하여 영적 피정에서 행한 세 번째 묵상, 2016. 6. 2.)

여러분이 첫 번째 고해자입니다

고해 사제는 하느님 아버지의 자비의 참된 표지가 되라고 저는 누누이 강조하고 있습니다. 우리는 느닷없이 좋은 고해 사제가 되는 것이 아닙니다. 좋은 고해 사제가 되려면 우리 스스로가 먼저 하느님께 용서를 청하는 고해자가 되어야 합니다.

고해 사제가 된다는 것은 바로 예수님의 사명에 참

여하는 것이며, 용서하시고 구원하여 주시는 하느님의 영원한 사랑을 구체적으로 보여 주는 표지가 된다는 것임을 잊지 맙시다.

우리 사제들은 죄를 용서해 주시는 성령의 은사를 받았으며, 이 일에 책임을 지고 있습니다. 우리는 이 성사의 주인이 아니라 용서해 주시는 하느님의 충실한 종입니다. (칙서 〈자비의 얼굴〉, 17항)

좋은 고해 사제는 평소에 성사를 자주 봅니다. 스스로에게 '나는 평소에 어떻게 고해성사를 보았지?'라고 물어 보십시오. 위대한 성인들은 자신을 큰 죄인으로 여겼습니다. 아기 예수의 데레사 성녀와 같은 성인들은 자신이 죄에 물들지 않았던 것이 하느님의 순수한 은총 때문임을 알았습니다. (사제들의 희년을 맞이하여 영적 피정에서 행한 세 번째 묵상, 2016. 6. 2.)

저를 감동시키는 것 중 하나는 사제의 고백입니다. 이는 너무도 위대하고 아름답습니다. 자신의 죄를 고백하러 온 사제가, 실은 고해자의 마음에 귀를 기울이는 그 사람이기 때문이지요. (사제들의 희년을 맞이하여 영적 피정에서 행한 세 번째 묵상, 2016. 6. 2.)

고해성사의 가르침에 맡기세요

때로 고해 사제마저 감화하게 하는 진실한 고해를 듣곤 합니다. 많은 이들이 주님과의 친교, 교회의 친교 안에서 형제자매들과 진정한 사랑을 나누며 살아갑니다. 그들은 교회와 고해 사제에 대한 믿음이 있습니다. 단순한 마음, 가난한 마음으로 온전히 주님께 모든 것을 맡기기 때문입니다. 사제들은 종종 이들을 통해 참되고 진실한 회개의 기적을 보게 됩니다.

오랫동안 죄의 고통 속에 있던 이들, 방황하다 마침

내 정신을 차리고 아버지의 집으로 돌아간 아들처럼 (루카 15,17 참조) 용서를 청하는 이들이 있습니다. 하느님께서는 우리를 너무도 사랑하십니다. 그러기에 다시금 아버지의 품으로 돌아온 모든 이들을 위해 친히 잔치를 벌이시지요.

사제들이 이런 참회한 이들을 껴안으며 자비로운 하느님 아버지의 축복을 빌어 주는 일은 얼마나 아름답습니까! 또 이들의 회개와 뉘우침에서 얼마나 많은 것을 배웁니까! 이들은 사제들이 양심 성찰을 하도록 이끌어 줍니다.

나 자신에게 물어 보십시오. '사제인 나는 지금 내게 죄를 고백하는 사람처럼 주님을 사랑하는가? 하느님 자비의 직무를 수행하는 나는 이 고해자처럼 마음에 자비를 지니고 있는가? 그리고 나 역시 이 고해자처럼 변화와 회개를 준비하고 있는가?' 많은 경우, 고해자들이 사제들을 진정한 가르침으로 이끌어 줍니다. (내사원 내부 포럼 과정 참석자들에게 행한 연설, 2015. 3. 12.)

성모님의 도우심에 맡기세요

성모님은 우리에게 "사람의 마음을 움직일 수 있는 유일한 힘은 하느님의 사랑임을 가르쳐 줍니다. 매혹적이고 매력적인 것, 복종과 승리, 사슬로 매고 푸는 것은 어떤 힘이나 법의 준엄함에서 오지 않습니다. 오히려 전능하신 하느님께서 보여 주시는 사랑의 연약함에서 옵니다. 이는 대체할 수 없는 그분의 달콤함에서 오는, 번복할 수 없는 그분에게서 나온 자비의 약속입니다. (멕시코 주교들에게 행한 연설, 2016. 2. 13.)

무거운 직무와 피곤함으로 마음이 차갑게 굳어지는 순간이 있습니다. 그래서 사람들이 다가오는 것이 귀찮아지고, 아무것도 하기 싫어지지요. 사실 이런 일은 우리 모두에게 일어납니다.

   그럴 때 잠시 멈추어 성모님을 바라보십시오. 무릎을 꿇고 간청하는 가장 낮은 이의 눈으로 그분을 바라보십시오. 그러면 성모님은 우리의 영혼 안에 계시는 그리스도를 바라보지 못하도록 하는, 마치 백내장에 걸린 것 같은 우리 눈을 깨끗이 씻어 줄 것입니다.

   그리고 주님의 도움을 간절히 필요로 하는 사람들을 귀찮게 느끼는 눈 역시도 낫게 해 줄 것입니다. 또한 교회와 가정생활의 세세한 사항이 작게 적혀진 것을 보지 못하는 흐릿한 눈도 고쳐 줄 것입니다. (사제들의 희년을 맞이하여 영적 피정에서 행한 두 번째 묵상, 2016. 6. 2.)

✦

비록 작은 행동이라도 하느님 마음에 들겠다는

순수한 지향을 가지고 한다면

그것은 위대하고 훌륭한 행동이다.

— 프란치스코 살레시오 성인